詩集

花は黙って待っている

木戸 光

七月堂

目次

花は黙って待っている

I

おいも

一九四四年、新潟県六日町。国民学校二年生春の思い出

タンスから出した着物を
しばらく母は見つめていた
意を決したように二枚を選び
大きなふろしきに包むと
それを抱えて私達を呼んだ

おいもを買いに行きましょう
兵隊さんのような大きなリュック
中はカラッポで母の背でゆれていた
山のふもとまで歩ける娘三人を伴って

農家へと急ぐ

一直線に続く細い道
向こうに小さく部落の屋根が見えてきた
やがて母は一軒の農家に近づき
入り口のむしろを手で上げて
しばらく何か話していた

やがて
農家の土間に迎え入れられ
私達は縁に腰かけた
母の着物を手にかざす
農家の人の顔が輝いた

すっと土間の隅に行くと
母のリュックにさつまいもを詰めだした
リュックの底が大きく膨らむ

母はそれを担ぎ上げ
お礼を言って農家を出た
おいもが沢山買えたのだ
母は喜んでいるのだと
私達の足は弾んだ
三人で手をつなぎスキップする足が
力強くなっていった

その時
母がポツリとつぶやいた
「これっぽっち……」
そうか母はもっと買えると思っていたのだ
きれいな着物を手放して
もっと欲しいと望んでいたのだ

その淋しさに気が付くと

私達の足から力が抜けていった
手をつないだスキップは
次第に弱くなっていった

クジラ

里芋、ごぼう、大根、人参、白菜
そんな野菜のごった煮の中に
クジラの脂身を入れたケンチン汁
寒い冬には
身体の芯から温めてくれる
雪国でのご馳走
母はそれが大好物だった

クジラを捕ることが問題となって
捕獲量も少なくなったが

少しは売っているらしい

札幌での会議の帰り
函館に立ち寄った
市場で見つけたクジラの脂身
片手で握れるほどの大きさで
六千円
もっと小さいものを探そう
そう思って歩いているうちに
市場のはずれに来てしまった
時間もなくそのまま帰った

その数か月後に
母は大動脈破裂で急逝した
「おばあちゃん
いつも美味しそうに食べていたね」
甥が繰り返すように

療養中の母は食欲を取り戻しつつあった
「クジラ汁、美味しいのにね」
簡単には入らなくなったことを
残念がっていた言葉

捕鯨の問題があがるたびに
胸をよぎる
手が出せなかった脂身のこと

母との約束

マフラーやショールの売り場に
人だかりのする季節となった
ふと、母との約束を思い出す
還暦を迎えた母に
父が奮発して送った毛皮のショール
口下手の父が初めて見せた
母への感謝の表現だった
「こんな高価なものを」
涙を浮かべて喜んだ母
家計のやりくり、子供たちの教育費に追われ

自分のものを欲しがることのなかった母
思いがけない贈り物だった
女学校のクラス会などの時
大切そうに箱から取り出し
和服姿の肩に装っていた
ある日
「お父さんには絶対に内緒にしてね」と
口止めして漏らしたこと
外出の帰途
気が付いたらショールが無くなっていたという
どこですり落としたのだろうか？
慌てて元来た道を戻って探したがない
下車した駅で届け出をし
道中の交番に落とし物届をしたが
出てこないのだという
「お父さんには言わないで」と念を押し
肩を落としていた母

余裕のない経済状態の中で
思い切った買い物をしてくれた父に対し
あまりにも粗忽な自分の振る舞いを
後悔しているようだった
その母も七十歳代に入ってすぐに
病に倒れ
療養生活の後に旅立った
同じく自宅療養をしていた父は
それから八年半後に旅立った

お母さん
わたくしは約束を守り抜きましたよ
今頃お父さんは
「母さんがあんなに喜んでくれた
俺は思い切った買い物をして本当に良かった」と
思っていることでしょう
お母さんと一緒に眠るお墓の中で……

シゲちゃん

「おきてなさるかねー」
朝の暗いうちにシゲちゃんはとびこんでくる
黒っぽい前掛けを広げると
キュウリ、ナス、トウモロコシ、トマトなどが
ころげおちる
朝露に濡れて輝く野菜
「お前様方に食べてもらいたくてそね」
シゲちゃんは抑揚のある節回しで
歌うように話す
「ありがとうねー、助かりますてー」

母も歌うように応える
喜ぶ母の姿
わたくしたち四人の姉弟も安心しきっていた
シゲちゃんの家族に支えられて
不安なく暮らした二年間の疎開生活
新潟県六日町の母の里でのこと

終戦からはや六十八年
毎年のように訪れる母の実家
その度に近くのシゲちゃんの家へ顔を出す
三人姉妹の
長女のシゲちゃんは
婿さんに来てもらって家を守る
シゲちゃんの妹のヨッちゃんはわたくしと同級生
ヨッちゃんは小千谷へ嫁いだので
シゲちゃんと話すのが目的
丸ナスの塩漬け、ぜんまいの煮付けなど

シゲちゃんは料理が得意
思い出話に花を咲かせ
「またね」と別れる

シゲちゃんが今朝亡くなったと
知らせを受けたのは五月七日夕
五月五日には六日町駅前の歩行者天国を
楽しそうに歩いたという
近所の人と一時間もおしゃべり
翌六日の朝食
あまり食べたくないと中座して少し吐いたそう
「診察してもらうか」
地元の小学校の校長である
息子の車で病院へ向かうが
救急車で運び込まれた患者が優先されて
一時間半ほど待たされたという
ＭＲＩの画像で少し脳梗塞がみられたので

大事をとってその晩は入院
翌朝、息子とその妻が
病院へ向かう用意をしているところへ
「容態急変」の知らせ
駆けつけた時にはもはや意識がなく
そのまま静かに息を引き取ったという

シゲちゃんの息子の嫁は
養護教諭として三十五年間勤務し
つい一か月前に定年退職したばかり
共稼ぎだった息子夫婦
県内での転勤があった際には
幼い孫たちの世話を
一手に引き受けたというシゲちゃん
その孫たちも薬剤師と看護師になり
六月には結婚式も予定されていた

家族のために
親族のために
近所の人たちのために
ひたすら尽くしてきたシゲちゃんは
誰にも介護の負担を負わせることなく
逝ってしまった
葬儀の席の挨拶で
校長の息子は数十秒間絶句した
あまりにもあっけない別れ
シゲちゃん
見事すぎますよその幕引き
八十四歳だったのですか
とすると野菜を運んでくれていた頃は
まだ十代だったのですね
いつも嬉しく頼もしかった
ありがとう
ただ、ただ、ありがとう

ようやくあの日のことを

ベランダに沢山のハトが集まるようになったため、ハトの捕獲をすることになった。

北側のベランダに捕獲業者が箱を設置し、その日は、最後のハトを持ち帰ると共に箱を取り外すことになっていた。

北風の強く吹いたその日、母は北側の洋間に座り続けて作業を見守っていたという。

「さっき電話をくれたかね？」と掛かってきた母の明るい声。

実はそれは姉が父の様子を知らせようと母に電話したものであったが……。

「ハトも何もかもみんな持ってゆきましたよ」
明るい声でそう言って
「ホッホッホッ」と母は笑った
職場に掛かってきた電話
交換台接続の時間が
あと数分で終わろうとする頃
その日は帰りが遅くなり
金沢文庫駅から乗ったのは終バス
八時を少し過ぎた時間

マンションのドアのホーンを押す
永い寝たきりの生活から回復し
壁伝いに歩けるまでになった母は
ベッドからゆっくりと起き上がり
玄関にたどりつくと
内鍵を外すのが習慣だった
しかし
その晩はドアの開く気配がない
鍵を開けてガチャガチャと鎖を鳴らす
「お母さん！」
慌てて一一九番に通報する
鎖を断ち切って救急隊員が室内に飛び込むとベッドは空
「ここだ！」
救急隊員の一人が叫ぶ
北側に向かう廊下に母は倒れていた
心拍はない
気が付くと夢中で心臓マッサージを行っていた

救急隊員にも代わってもらう
医者の到着が何とも遅い
ようやく着いた医者は瞳孔を見ると首を振った
「まだ温かいじゃないですか！
注射を打ってください！」
しかし医者は首を振るだけ
救急車は返され別の車で医大へと運ばれた
解剖室の隣に一人座る
カチカチと時計は時を刻んでいるが
見上げる気力はない
全身が固まったままである
何時間経ったのだろう、記憶にない
「大動脈瘤破裂でした」
医者は静かに告げる
「ではもっと早く心臓マッサージを始めていても
駄目だったのですね？」
葬儀屋の車で鶴見の実家へと帰る

姉と甥が飛び出してくる
今日は結腸癌手術で入院中の
父を見舞ってきたのだという
仏間に横たえた母の遺体
穏やかな表情のままである
何時間か前
明るい声で電話をしてきた母
ベッドから起き上がり
私を迎えに出ることが出来るようになり
喜んでいた母
そんな日々をとても幸せに感じていた私
五年余りにわたった充実した介護の日々
その全てに終止符が打たれてしまった
「もう四時だから寝ましょう」
姉の声にようやく時を知った

大雪

小学生時代の大半と中学生時代を、新潟県と富山県の豪雪地帯で過ごしてきました。

ボタボタと降り続く雪の中を
黙々と歩く
二十分ほどで学校に着く
窓から見える大つららは
いつもの景色
粉雪の舞うときは
マントの襟をしっかりと押さえ
斜めに風を切って歩く
毎日毎日
半年続くこんな日々

五月は
雪に反射する光に目を細める
田植えがすみ
緑一面のさわやかな季節が過ぎると
田は黄金色に輝き始める
家族親族そろっての稲刈り
稲株だけになった田にまた雪が降り積もる
リズムをもって繰り返される
四季の移ろい
いつも次の季節への期待感があった
雪は大切な仲間
そんな生活を七年続け
横浜へ戻ってきた
昨日は二十年ぶりの大雪
繰り返される注意の報道
なぜか雪は加害者扱い
都会に降る雪は可愛想

山家漬

「その美味しさに感嘆」
そんな礼状をいただくと嬉しくなる
「やまがづけ」と名付けた新潟の漬物
私達の祖母が考案し
百年になろうとしている
地元の野菜と山菜を
分家で作る酒「八海山」の粕で漬けたもの
発酵学の権威である人の家に住み込み
発酵を応用した漬物の作り方を身につけたという
八人の子を産み育て

県会議員を務める祖父を支える日々
出費の多さに何とかしなければと
思い立ったに違いない
試作品を味わった祖父の親友
書家の会津八一氏はその味を絶賛し
その場で筆を執って
「山家漬」と命名したという
その字は今も表装に使われている
祖母亡きあと叔父、従妹と引き継がれてきた
いま、現場を指揮するのはもう一人の従妹の夫君
企業を定年退職するまで
ペンより重いものを持ったことがなかった人が
大きな桶が並ぶ冷たい現場を行き来する
販売を担当するのは
「山家漬本舗」の責任者である従妹と
その息子と娘
私はその息子につい辛口の注意をする

「すべてを身につけた上で人様に協力を願うようでないと」と
皆の協力があって引き継がれてゆく家業
私も冬の贈答品には「山家漬」を使う
いつの間にか私の周辺には根強いファンが増えてきて
そのことが私の気持ちに張りを与えてくれている

叔母との別れ

新潟の叔母が亡くなった
九十八歳
薬剤師として現役のまま……
穏やかな表情で誰にも温かく接してくれた
姉と私の進路に指標を与えてくれた人
母の弟である薬剤師の叔父の元へ嫁ぎ
母の実家を守ってくれた
軍役にあった叔父がまだ帰還していない
終戦後のある日
若い叔母の前に一人の大男が現れた

亡命してきたビルマの首相バーモウ氏である
日本をはじめアジアの諸国と手を結び
欧米に対して力を持つ大東亜圏を築こうと
夢を掲げ先頭に立った人
敗戦は夢の全てを打ち砕く
叔父の兄が中心となり有志とともに匿うこと半年
やがてバーモウ氏は自首して出て
自国への帰還を果たすことが出来たが
叔父の兄はＧＨＱのお咎を受ける
しかし人類愛に根差した行為であることが理解され
自由の身とされたのは半年後
年月を経て
ミャンマーと名を変えたその国から
バーモウ氏の未亡人、子供たち孫たちが次々に訪ねてくる
敗戦直後の大混乱の時期にあって
命がけでバーモウ氏を匿い生還への道を開いたことへの
感謝の念を忘れない

晩年の叔母の大きな楽しみとなっていた
亡くなる数時間前まで
孫と楽しく話していたという叔母
親族の見守るなか安らかな表情で旅立っていった

II

妹

伯母から紹介された
同級生の子息
交際を始めた後で知った
婚家先の厳しい状況
慌てた伯母が制するなかを
父は全責任をとると言って妹の背を押した

祝福されてスタートを切った新生活
妹は次々に男児に恵まれ
育児と家事に追われていた

しかし次男出産後の体調回復は遅く
体には湿疹が出始めた
夫の会社の診療所に勤務する老医師は
ステロイドの錠剤を処方し
そしてその量は次第に増えていった

…………

十年も後になって妹の手帳のメモから
私が気づいた
驚くようなリンデロンの処方量
それほどの分量を
通院患者に使用していたのか？

そんな状態の中でも
妹にはゆっくりと療養する時間はなかった
厳寒の苫小牧に小児の肺炎がはやり
二人の子供はそろって入院した
生れて四ヶ月目の次男は

高熱が続き
うなされるように泣き続けたという
隣のベッドの子供も重症
妹は冷え切った廊下に出て
毛布にくるんだ赤子を
あやし続けた
そこへ出された夫への転勤命令
振り子のように日本を縦断して
愛知県の春日井市へ向かうという
病院での看病と
社宅での荷造り
凍りついた道を何度も往復して
妹は幾度も転倒したという

オレンジ色の毛布に次男をくるみ
そっと病院から連れ出して
空路横浜の実家に立ち寄った妹は

芯から疲れきっていたはず
二泊した後で迎えに立ち寄った夫と
新幹線で名古屋へ発つという
新横浜の駅まで見送り
妹の一家四人に手を振って別れた時
妹は輝いた表情をしていた

弥治喜多道中のように
大きな荷物二つを
紐に結んで肩にかけた夫君は
長男の手をしっかりと握り
毛布にくるまった次男を抱いた妹は
疲れも見せずににこにこと
幾度も幾度も挨拶をして
車中の人となった
それが健康に輝く妹の見納めだった

荷解きが始まって数日
妹は高熱に侵された
名古屋の病院では
原因不明のまま
東京大学病院へ転院
全身性エリテマトーデスと診断された
難病に指定された病
十分な治療を施さないと
命をも侵すという
しかし妹は病院のベッドで
手まりの刺繍をしながら
幸せな表情をくずさなかった

子供達二人は
父方と母方の実家に引き取られ
慈しみを受けながら過ごしていた
見舞いに訪れる息子達に

優しい言葉をかけながら
十分な療養を続けるつもりだった妹
それが家族にとっても最良の方法だとの
主治医の勧めを覚悟して受け入れ
皆に詫びながらも最善の道を選んでいた
夫と子供達の存在が妹の励みになっていた

療養の日にあっても
妹は幸せを口にした
誰からもいじめられたことのない人生
だから自分の存在の必要性を
ずっしりと噛み締めることが出来ていた

しかし妹の姑は長女と共に訪れて
自宅療養をして欲しいと強要した
子供達を一緒に育てることを優先して欲しいと……
根負けした父は

ついにそれを受け入れた

健康に輝いていた妹が
自己免疫疾患に侵されるという
現実に接して
ただ運命だと受け入れてきた私達
どんなに努力しても
誰も代わることの出来ない
激しい痛みに襲われる妹の苦しみを
我が身の苦しみと受け止めて
共に息を殺して緩和の時を待ち
体力の衰えて行く妹を
抱きしめて勇気づける
そんなことしか出来なかった私達
長い年月を
妹よ、よく頑張りぬいてくれたもの

次第に自分の生きる意義を
見出せなくなっていく妹
かけがえのない存在なのだと繰り返して
どんなに動けなくなっても
この世にあって欲しいのだと
力を込める私に妹がつぶやいた
「もしもう一度生まれ代わることが出来るなら
自分の足で自由に歩いて外出し
家の中をいつもきれいにして
おいしいお料理を沢山作って皆を喜ばせ
いつも誰かが立ち寄ってくれる
そんな家庭をつくりたい」

妹よ
あなたが病気でなかったら
望み通りの家庭を築いていたはず
あなたのせいではない

発症し苦しみ抜いて十余年
妹の手帳のメモにあった
ステロイド剤の処方量の多さに気付いたとき
妹は力なく呟いた
あのころ入院した子供達は重症で
なんとか長男は
退院に漕ぎつけはしたけれど
次男はなかなか良くならず
ただ看病に必死だった
自分のことなどどうでも良かった
湿疹の治療のための時間さえ惜しく
薬もあるだけを
服用し続けるしかなかった
急な転勤を診療所の
誰にも知らせずに来てしまったと

ステロイド剤の
打ち切り方の難しさは
医療人なら誰しも熟知していること
急な中断は
命取りになる怖れがあるとの
説明があったはずだと
ただしてみても
苦しみ抜いた十数年の代替は
誰にも出来るものではない

妹は劇症肝炎を起こして世を去った
享年　三十九
十余年を経た今も妹と過ごした日々は
忘れることなど出来るものではない
かえって妹の悲しみが年月と共に鮮明に蘇る
自宅で妹の名をくり返し絶叫した夫も
三年後に再婚した

病気をしたことを
自分の責任であるかのように詫び続け
迷惑を掛け続けていることに胸を痛め
誰をも責めることなく世を去った
そんな妹がただいとおしい
——いとおしい

＊リンデロン＝ステロイド（副腎皮質ホルモン）剤の一種

赤いエントツ

昭和四十六、七年頃のこと。その二年ほど前から脳血栓症で自宅療養中であった父は、いくつもの余病を併発し、入退院を繰り返していた。同じくその一年半ほど前に高熱に襲われた妹は入院する東大病院で難病の病名がつけられ長期療養の必要性を告げられていた。長男の太郎は我が家に、次男は父方の実家に引き取られた。思いがけず我が家に訪れた病人続きの日々、毎週日曜日には病院巡りを続ける私に、太郎は小さなバスケットを下げ、スキップをしながらついてきた。

梅雨の日の夕
職場から帰ると
母がおろおろしている
「お父さんが入院なさった」
夕方近く
腹部の激痛で
苦しんだという父
救急車で運ばれた病院で
明日ヘルニアの手術をするという

帰ってきたばかりの母は
青白い顔のままである
傍で二歳半になる甥の太郎が
明るい声を上げた
「ミッコおばちゃん！
キューキューシャ来たの！
赤いエントツが
くるくるくるくるって
廻っていたのよー」
頭の上に手をかざし
エントツが廻る様子を表しながら
小さなジャンプを繰り返している
「そう、よかったわねー！」
私も思わず声を上げて
晴々とした気持ちになった
母親が入院中で
実家の我が家に預けられていた太郎

寂しさを見せることなく
屈託のない明るさを振りまいていた

妹に逢いたい

お墓の手入れをしてきた日に

お料理番組を見ていると
あなたを思い出す
材料を刻む手つき
お菓子の粉をかき混ぜる
軽やかさ
生きていたらこんな風に
活躍していただろうに
家政学部を首席で卒業し
望まれて大学に残ったあなた
教授と一緒に

一冊の料理本を出しただけで
結婚への道を選ぶ
北海道の地で
年子の男児を生み
すぐに愛知県春日井市への転勤
高熱に侵され
やがて下された診断名は
全身性エリテマトーデス
じわじわと全身をむしばむ自己免疫疾患
健康に恵まれていたあなたがなぜ？
原因も判らぬまま
育児と闘病の日々
フォローする私たちも無我夢中
関節の痛みに呻くあなたに
代わってあげることの出来ないもどかしさ
でもあなたは懸命に
妻であり母親であろうと努めた

力の入らない指で
ボーイスカウトのワッペンを
縫い付けようとしていた姿
切ってもらったカツレツを持ち帰り
膝にサポーターをした足では
玄関の階段を登り切れず
崩れてしまった姿
鮮明なそれらの思い出
無我夢中の内に過ぎた十二年
「もうステロイドは服用したくないの」
ふと不安を漏らしたあなた
「医師の指示通りにしてね」とわたくし
身体がとても軽くなったと
ＰＴＡのバザーを手伝ったという
大勢の人ごみの中で
ウイルス感染したのだろうか
顔が黄色くなり席を外す

その晩昏睡状態に陥り
救急車で運ばれたが
翌日あっけなく他界

急な展開に
心の整理のつかないわたくし
葬儀の場で
花にうずもれたあなたを目にした途端
身体の奥底からこみあがる嗚咽

あれから三十余年が過ぎた
わたくしの胸の中では
あなたは三十代のまま
わたくしはすっかり年をとってしまった
いまこそ
あなたと温かな会話がしたい

その場所だからこそ

日航ジャンボ機の
墜落事故から三十年目の今日
御巣鷹の尾根には
慰霊の登山が続く
年をとっても
子どもや孫を連れて
懸命に歩を進める
そう、そこは最愛の家族が
命を絶った場所
近いところへ行けば

その人の魂に接することが出来そうで……
どうしてもと足を運ぶ

その気持ち良く分かります
お盆入りの今日
八王子にある妹の墓参りをしたいが
それよりも機会あるごとに
愛知県にある王子製紙の社宅を訪ねたい
妹が暮らした家は三十五年前のまま
名古屋を通過するたびに
中央線に乗り換えて春日井駅に降り立つ
今は見知らぬ人が住む家だが
そこは妹が生活し、闘病し、育児に奮戦し、そして亡くなった場所
十二年にわたり喜び、悩み、希望を語り合ったところ
魂はまだそのあたりに漂っていて
「姉さんよく来てくれたわね」と
言ってくれているよう

これまで十数回訪ねたが
そこは妹と語り合える大切な場所
気力が続く限り
わたしはそこへ足を運びたい

グレン・ミラーオーケストラの響きに甥たちを想う

リズムに合わせて
身体を振りたくなるような軽快なスイング
県民ホールで催された
「グレン・ミラー・オーケストラ二〇一三極上のスイング」
指揮者のニック・ヒルシャーは
男性ヴォーカルも務める
真っ赤なブレザーコートに身を包んだ二十数人の奏者
指揮者だけが黒のスーツ
途中から登場する女性ヴォーカルは
きらめく青のロングドレス

なじみの「茶色の小瓶」
をはじめ前半だけで十五曲も

そんな中
ふと亡き妹の息子たちを想う
小学校へ入学したばかりの学園祭
トランペットを吹きながら行進する姿を
母親である私の妹は
身をかがめてカメラにおさめていたという
そんな話を母から聞く私は
光景を想像して幸せだった
体調を崩し療養中の妹だったが
母の看病のもと穏やかに暮らしていた
母から伝え聞く日々の様子は
私の励みになっていた

妹が亡くなり

甥たちは愛知県を後にして
父方の祖父母と一緒に
千葉県で暮らすことになったが
トランペットも、剣道も、ピアノも
あれきりになってしまっただろう
音楽が好きだった甥たち
「ピアノの連弾すばらしかったの」と
自慢した妹も亡くなって久しい
甥たちと話すことを控えてきた長い年月
出来ることならあの才能を伸ばしてあげたかった
我が子のように
生まれた時から接してきた甥たち
しかし妹が亡くなると
口出しできない立場だった

グレン・ミラー・オーケストラの舞台
十五分の休憩の後幕が開くと

奏者は一斉にグレーのスーツ
指揮者は白のブレザーに
女性ヴォーカルはこんどは真っ赤なドレス
後半はジングルベルを含めて十曲を

奏者はかわるがわる前に出て
ソロ奏者になる
そしてふかくお辞儀をして引き下がる
訓練しつくされた音楽に統制のとれた動き
よく見ると頭の禿げた奏者も数人
若い人、年取った人
素晴らしい音楽を奏でるに年齢は関係ない
体力の要る管楽器を二時間も吹奏する
アンコールに応えて奏でたのは
アイ・ウォント・ツー・ビー・ハッピー
スタンディングオーベーションの内に
幕を閉じる

そう、いつの日か
離れてしまった甥たち
そして彼らの家族と
共にコンサートを聴ける日が訪れてほしい
もう、誰に気兼ねすることもなしに……

Ⅲ

おばば

庭先の大きな石に腰かけて
おばばはいつも日向ぼっこをしていた
ときどき肩にかけた手拭いで
くるりと顔を撫で回した

わたくしたち孫が遊ぶ様子に
目をやりながら黙って座っていた
日が陰るとよっこらしょと腰を上げ
自分の部屋へ戻っていった

母が作った料理を取り分けてもらい
早めの夕食を一人で済ましていた
毎日同じ仕草の繰り返し
おばばは何を考えていたのだろう

冬の朝、床の中で静かに息を引き取っていた
父の実家まで
雪道を歩いて知らせにゆき
身内だけの葬儀が営まれた

おばばを無事に看取った父
生まれてすぐに
伯母にあたるおばばの養子となっていたが
責任を果たした思いがしたのだろうか
家族六人そろって横浜へ戻ることを決めた

五年間を共に暮らしたおばば

年取った人の寂しさが分かる年代を迎えて
その優しさが思い返される
ゆったりと座ったその姿には
ぬくもりがあった

夫に死に別れ実の一人息子と共に
こつこつと築き上げたというその田畑で
わたくしたち家族は
戦後の飢えを凌ぐことが出来た

その田畑を基にして
父は会社を設立し
四人の子供たちを教育した

たった一人の息子を日露戦争で亡くした
おばばの寂しさを思うとき
言葉にしておきたいことがある

不満を口にすることなく
八十八歳までを静かに生き抜いたおばばに
心からありがとうと

オシッコの色

九十三歳で亡くなった父の思い出

ベッコウのような
美しいオシッコの色
ベッドの横にぶら下がった
尿パックの中で
輝いている

量が少なく
黒ずんだ色のオシッコ
熱があるのかなと検温
大丈夫

夕食には
野菜たっぷりの
おかずをつけましょう

量が少なく
きれいな黄金色のオシッコ
お腹をさすって張りを確かめる
リンゴジュースでオシッコの
出を良くしましょうね

そんな日々が
二年と四ヶ月続いて
救急車で病院へ運ばれた父は
ＩＣＵ治療室へ
ベッド横の尿パックには
いつも透き通った
黄金色のオシッコ

点滴ボトルには
手書きでラシックスの追記がある

十九日目に
ＩＣＵを出され個室へ
そして意識の無いまま
点滴だけが続けられる
毎日病室に入ると
真っ先に目をやるのは
尿パック
たっぷりとした量
美しい色
点滴ボトルには
いつもラシックスの文字

穏やかな日々が
繰り返されて

退院の可能性が示された
その日に
父は静かに息を引き取った
救急車で運ばれてから
五十日目のことだった

自宅の仏間に
横たえられた父の遺体
そっと手を当ててみると
オシッコは
一滴も出ていなかった

＊ラシックスは利尿薬の名前

気持ちを思うと

八十歳を過ぎて
父は家を建て替えると言い出した
家族揃っての猛反対
肺癌の手術をしたばかり
命取りになる
誰かが倒れると

しかし黙々と構想を練っていた父
築六十余年になる数寄屋造りの家は
屋根のスレート瓦の隙間から雨がしみこみ

湿気が身体に悪いという
ならば雨のしみこまない家を用意しましょうと
すぐに建築中のマンションに申し込んだ私
入居は八月になるという

七月に入り、知らない建築業者から電話
家族の人に会いたいと言う
「八十代の人と契約したことがないので」と
療養中の父が足を運び依頼したという
「癌の手術をしたばかり、経費も無理です」
ありのままの内情を伝える
だが翌日、業者は契約に応じたという
なぜ？
電話で縮小の可能性を質すのが精一杯

案の定
仮屋住まいで母が倒れ私の勤め先へ入院する

「重い感染症」との診断
抗生剤が効いて二十日間で退院できたが
父が建てた新しい家に移ってから
今度は狭心症で倒れる
生死の境をさまよった日々を経て六か月で退院
私の家での療養生活が始まる
いつしか壁伝いに歩けるようになった母
五年の月日が瞬く間に過ぎる
年に数回は車で父の元へ帰るが
「どこよりも娘のところが気楽なはず」
父の言葉に安心して私の家に戻る
その父も弱り
今度は結腸癌で入院

母が大動脈瘤破裂で急逝したとき
父を無理に退院させてもらい
母の遺体に逢わせることが出来た

肩を震わせ声を抑えて泣く父
「こうしてやりたかったのだよ」
仏壇の前に横たえられた遺体の前から
離れようとしなかった

なぜ無理な建築を！
私の心奥に潜んでいた言葉
父の姿を目にしてわだかまりが消えていった
「いつでも家族が集まれる場を」
「孫たちが寄りやすい家を残したい」
いろいろな夢を口にしていた
でも一番強かった想いは
苦労を掛けてきた母への感謝の気持ち
そうだったのだと気が付いた

その父も母の亡きあと八年余りで他界した

大きな家を守るのは大変なこと
しかし家族のためにと
一途な思いで父が建てた家
その気持ちを思うと無碍にはできない

父の郷里

富山県黒部市の郷里に建つ
新しい墓
療養末期の父が
ベッドの上から
郷里の友人に電話で頼み
建造したもの
それを見ないままに
父は亡くなった
生まれてすぐに
伯母の養子となった父

隣村の旧家に嫁いだ伯母は
旦那様と死に別れると
乳飲み子をかかえ
実家近くへ戻ったが
長男の嫁としての自覚から
婚家先の墓をも
自分の近くへ移し替えて
守り続けた

たった一人の息子を
日露戦争で失った伯母は
自分の弟の勧めで
生まれてきたばかりの弟の息子と
養子縁組をする
養子となったのは私の父である
父はその墓を守ってゆく責務を
受け止めてはいたが

墓に入っている人たちとは
馴染みがない
思い切ってその横に
新しい墓を作ることにした
たった一本の電話に応えて
立派な墓を作ってくれた
郷里の友
郷里に育まれてきた信頼感は
いまもって揺るぎはない

父はそのような土地に育ち
皆が顔見知りで
信頼感で結ばれた
人間関係を基盤にした
考え方を身に着けて成長した
戦後の混乱期の横浜にあって

大手企業を退職した父は
自分の企業を起こすが
信頼感を
根底から損なうような場面に
幾度も幾度も遭遇する

社会人となった私たち子供が
「そんなことも気付かなかったの？」と
ため息を漏らすようなことを
父は真正面に受け止めては
壁にぶつかり泥にまみれて
きたらしい

その最たるものが
お寺様への絶対的な信頼感
事業を起こすために
郷里の田畑を親戚筋に譲って

まとまった資金を手にしていた父
横浜の自宅近くの焼け跡に
適した二百坪の
土地を見つけ
購入しようと話を進めていたとき
お寺の住職が駆け込んできたという
「税金が払えずに、
土地を持って行かれそう」
信仰心の厚い土地柄で育った父は
「お寺様を助けるのが先決」と
自宅から五、六百メートルも先の
五百坪の土地の借地契約をする
求めていたのは二百坪の土地の購入
しかし
「自分の土地と同じように
使用して構わないから」との
コトバに安心して

購入予定の金額をすべて支払ってしまう
建物の土台作りに着手した時
その土地の本物の持ち主が現れ
抗議を始める
お寺様の土地は更に百二、三十メートル先
鶴見川寄りの沼地であったという
すぐに契約解除を申し入れるが
すでにお金は使用してしまったとの返事
焼け野原となった横浜市鶴見区
お寺様の善意の間違いであったに違いないと
トラック四十台分の
砂利を手配して五百坪の沼地を埋めた父は
その経費をすべて自分が払ったという
ただ、その領収書を貼布していた

二百坪の土地に工場を建設し
残り三百坪を野原のままにして

事業を始めた父
その体制は十年近く続く
やがて
「貸した土地だから返して」との
催促を受けるようになる
寺の物だから勝手に分割は出来ないとのこと
知人の弁護士も
話がかみ合わないと匙を投げる
「土地を返して」
「住職から借りた土地」
話がかみ合わないまま年月が経ち
会社は操業を停止
一方、土地の評価額は上がり続ける
なぜか借地代の振り込み先が不明な状態になる
口座を変えたらしい
この時も父はお寺様を信用し切る
「お寺様にお金が入らないように邪魔をしている人がいる」

すぐに銀行に話して別口座を作り
お寺に連絡してもらって振り込みを続ける
意図あっての操作であったかも知れないのに……
やがて
父の依頼を受けて子供たちが動く
恩師の校長を頼り
教え子の中から弁護士数人を紹介してもらい
鶴見の土地勘があろうという人を選んで
実情を話す
ここからがすばやい対応で
お寺様に
借地人に権利があることを納得してもらい
二年という月日をかけて
二百坪近くを
父の会社所有地とすることが出来た
その経緯を知って
父は気が付いただろうか

郷里の信頼感と安心感は
どこでも通用するものではないということを
「知っていたお寺だったの？」に
「全く知らない住職さんであった」という
沼地を黙って埋めた時以来
父の前に
姿を現すことはなかったという住職
寺で世話になっていると聞くM氏が出てきては
父に圧力をかけ続けていたらしい
いま返却した土地には
お寺様が経営する立派な幼稚園が建つ
誰一人
「あのとき借りてくれて助かりました」と
父に礼を言う人はいない
病床の父は幼稚園が建ったことは知っていた
「お寺様を助けて良かった」
そう思っていたに違いない

クラス会

「最後の会になるがーてー
必ず来られー」
晶子ちゃんからの電話
黒部では小学校の四年生から
五年間を過ごした
四十七人、たった一つしかないクラス
中学校に上がっても
隣村と一緒になって
クラスは二つだけ
だからみんな兄弟姉妹のように仲が良い

上越新幹線とほくほく線を乗り継いで四時間余り
五年ぶりの再会である
節ちゃん、菅子ちゃん、サッちゃん
姓でなんか呼ばない
「久のところの親父さんと
木戸さんとこの父様は同級生だったそやな?
久が言っとったぞ」
男性はわたくしを姓で呼ぶ
「そいが、はー、寝たきりになっても枕元の電話で
励ましおうていたが」
わたくしも自然に方言になる
「そんで、父が亡くなって数日してから知らせたら
おらとこの爺様もついこの間逝かはったという返事やった」
父の郷里で過ごした戦後の五年間
高齢となったいま
こういう仲間の存在は心強い
これからが

互いの支えあいが大切になる時……と
クラス会は続けることになる
足腰立つうちは会おうてー
集まった男女十六人は
皆とても顔色が良い

Ⅳ

病気のシグナル

外に出られない
足が前に出ない
食欲がない
何をする気もしない
そんな訴えをしていた友
一昨年秋のクラス会には
同級生が付き添って参加した
穏やかな表情だった

介護制度を利用しましょう

家の中が散らかっているって
そんなの皆同じ
ただ電話で
アドバイスするだけだった私
近くに住む兄夫婦に
遠慮もしていた
リハビリ中の兄嫁が
毎日様子を見ていたという

わたくしの両親が
入院を繰り返していた
二十数年もの間
病院に勤める友を頼って
手不足を補ってきた
当然のことのように
親身な世話をしてくれた

その友が動けない状態に？
様子を知りたいと
訪ねることになっていた矢先
緊急入院してしまった
冷たく横たわる状態に
兄が驚いて手配したという

重症のパーキンソン病
認知症もあると
あのしっかり者の友が？
でも、医師の診断を
受け止めるしかない
症状に気付かずに
その場しのぎの解決策を
考えていただけではなかったのか

手足の震えを

伝えて欲しかった
それこそ完全に病気の症状
早期治療を始めれば
普通の生活を取り戻せるのに
パーキンソン病も認知症も
進行を抑える
薬が開発されている
もっと機敏に行動したかった

すぐに治療が始まるという
生活のリズムを
取り戻してほしい
家族の介護を担ってきた友の人生
そして同級生の多くが
自分の家族の入院時には
当然のことのように友を頼ってきた
寡黙な友に

皆が安心し切っていた

友よ
自分の人生だってしばらくは
楽しんでいいじゃないの

指が開いた

パーキンソン病で入院中の友を見舞って

若い看護師さんが
ゆっくりと友の手の指を開く
「あら、出来たじゃない！」と私
そして肘を曲げて顔へ近づける
「もう少しで口まで届くわね！」
私の声も大きくなる
「こうしてリハビリしているのねー」
肘を曲げたり伸ばしたりしながら
看護師さんは歌うように
リズムをとる

療養士によるリハビリは
これまで通り週に一回だけ
一年ぶりだろうか
固まっていた指が
やわらかく離れる
この看護師さんのお世話が
行き届いているからだろうか？

帰り際に友は
「あの看護師さんとてもいい」
とつぶやく

話す力が残っている！

友はパーキンソン病で入院して間もなく四年になる。現在は全身麻痺状態である。

「何も出来ない」と友は言う
見舞うたびに耳にする言葉
手足を全く動かせない友
胸が痛む
何もしてあげることが出来ないわたくし
虚しさが襲う
でも友よ
あなたは話している
確かな反応で……
適格な言葉で……

今日の報道
イギリスで脳発作によって
身体の自由を失った男性が
餓死を選んで亡くなった……と
「安楽死」を願ったが認められず
自ら選んだ食事拒否
肺炎を引き起こしたのだと

全身の自由が全く効かず
言葉を発することが出来なかった男性
妻の持つ文字盤を目で追って
かろうじて意思を伝える
倒れてから数年
彼はそうやって生きてきた
すごい！

イギリスで巻き起こった
「安楽死」についての議論
問題が重すぎて
結論づけられないが
今回の報道が気付かせてくれたこと
友には「話す能力」
かけがえのない生きる力が残されていること！

「きれい」と言えたのに

看護師さんがチューリップの花束を近づけて
「きれいねー」と促すと
「きれい」と返す
でも、それっきり
あとは何を話しかけても
じっと私の顔を見つめるだけ
同級生の話をする
表情を変えずに私の顔を見つめるだけ
「木戸さん最近見えないわね」と
昨日、話し合ったばかりだという

先月、風邪をひいてお見舞いに来なかったこと
ちゃんと理解している
しかし、今日は何の反応もない
わずか二ヶ月の間に
病状はこんなにも変わってしまうものなのか
「帰るわね」に
いつも答える「遠いところを有難う」
の言葉も無い
一ヵ月後にはどうなっているだろう
いつまでも「人」であって欲しい
この長い年月、床ずれも作らずに
介護してくださっている看護師さんたち
「人」でさえあればもう何も望みません
はかない希望を託して家路につく

ダ・カーポの歌で

ソフトで伸びやかな声
ダ・カーポの歌声が好きで
コンサートに足を運んだのは
何回だろう
誰でも知っている歌を
夫婦と一人娘で
ハーモニーをかもし出す
数年前に出したＣＤ
「日本の歌三十」は
私の大切な宝物

「赤い靴」
「ないしょ話」
から始まって
「野に咲く花のように」まで
懐かしい歌が三十曲
いつも最後まで聞いて
幼い頃の思い出に浸る
そうだ！
と思いつき
テープにとって
パーキンソン病で身動きのできない
友の元へ持参する
イヤホーンでじっと聞いていた友の
表情が次第に穏やかなものになる
口元には微笑が……
一枚目全部
三十五分間を聞き終える

「さようなら」と手を振ると
硬直して動かないはずの手を
微かに動かす
「腕まで動かしている、
こんなこと初めてです！」と
看護師さん
指は固まってくっついたままだが
肘から先を
微妙に左右に動かしている
嬉しかったのだ！
懐かしかったのだ！
これまで気が付かなくて
ゴメンナサイね

最近報告された実験
癌を移植したマウスは
八日前後で死亡するのに

オペラの「蝶々夫人」を
聞かせ続けたマウスは
平均二十二日も長生きしたと
八十日以上生きたのもいたと……
モーツアルトの曲も
免疫力向上に効果があったそう
慌ただしい曲は駄目であったと

うーん
思いつきそうなことだったのに
パーキンソン病で衰えてゆく
友の姿に胸詰まらせながらも
これまでの五年間
全く気が廻らなかった私

これからは穏やかに響く曲を選んで
録音してきますからね……

V

花は黙って待っている

少し不自然に枝をひねっても
そのままの形でそこにたたずんでいる
一週間に一度の花の生け換え
新しい生け花はそのままの形で
じっと時を待つ
そんな習慣もはや四十年を過ぎました
「お花自分で買ってくるのでしょう?」
「当然ですよ」
でも校庭の草木も応用していますよ
広い校庭の隅々まで知り尽くしています

じっとわたくしを待つ花の健気さ
生け花を見つめる人達の明るい表情
それがわたくしの心を支えてくれるのです
専門職の集団である職場
なかには自己主張の強い人もいます
ひとつの部署の責任者として
永く勤めてきましたが
時にはぐっと耐えなければならないことも
でも、わたしを待つ花の姿が
自分を大人にしてくれました

定年退職をしていまは非常勤です
自己主張の強い人の風当たりも
もう浴びることはありません
でも、わたくしは花を生け続けています
患者さんの喜ぶ姿

教職員の皆さんの嬉しそうな表情が
わたくしの心を
しゃきっとさせてくれるのです

三十三年

顎のシコリが癌だと診断され
すぐに手術をとすすめられたのに
多忙だからと
返事を延ばしてしまった叔父
三か月ほどして府中の病院にて
レザー光線で
簡単に取り除くことが出来たと伝えてきた
しかしすぐに再発
骨転移を起こして他界した
最初に診断したのは

私の勤務する病院の医師
すぐに手術をしていればと悔しがった
その年、一月に妹が逝去
そして十二月に叔父が逝去した
あれから早や三十三年
肩まで髪をストレートに伸ばした
三十代の妹の姿
風格のあった
六十代の叔父の姿
鮮明に脳裏に浮かぶ
その後の長い年月
いろいろな事があったのに
霞が掛かったようにぼやけてしまって
あの時の悲しみと無念さが
胸つくように今よみがえる

家族旅行

弟の息子俊一が計画した
上越松代への旅行
年に一回は
家族皆で旅をしましょう
誰が言うともなく続けられてきた
春の行事
甥たち二人が運転手となって
両親と伯母
そしてお嫁さんを連れ廻してくれる
松代は棚田と雲海の名所だという

今年は数年ぶりに
四月の積雪に見舞われた上信越地方
山も平地も雪に覆われていて
棚田は見られなかったが
豪雪地帯の冬を
想像させる景色に感激
翌朝食事前に向かった
小高い雲海の名所
とはいえこれも条件次第という
運転していた次男の丈二が歓声を上げる
「ウワー！すごいなー！」
いきなり左手に広がった雲海
遙か向こうの山並みまで
途中の小さい山々の頭だけを覗かせて
深い雲に覆われている
雲の動きによって刻々と変わる景色
前日の雨

今日の快晴と寒冷
条件がそろった見事な雲海だという
小さな旅館の心こもった応対にも満足
何よりも連携をとりながら運転する
甥たちの仲の良さが嬉しく頼もしい
ふと
妹が亡くなって離れてしまった
もう二人の甥に思いを馳せる
「親族そろっての旅行」
そんなことがしてみたい
闘病する妹を助けて
わが子のように慈しんできた甥たち
二人は仲良く
助け合っているだろうか？
暖かな家庭を築いただろうか？
いつの日か遠慮なく近づける日がやってくるはず
そんな日があることを信じたい

幼い日々にそうであったように
四人の甥たちが
兄弟のように仲良く語り合い
助け合う日が訪れてほしい

母であるからこそただ愛おしく

「で、お母様はおいくつ？」
「八十七歳、もう大変なの
いつの間にかズロースの上に厚手のストッキング
その上に更にズロース
上着も六枚も七枚も重ね着して
デイケア連れてゆくのにひと騒動」
「いいわね、六十歳代になっても母親がいらっしゃるなんて」
「ええ」
「百パーセントの味方ですものね、母親って」
「そう思う」

「居なくなって、その大きさが分かりますよ」
「そうでしょうねー」
五十三歳で母親を見送った私
大変だ大変だと言いながら
遠慮なく悪口を言っている後輩がうらやましい
どんなに強い表現をしても
実の娘のそれには愛おしさが滲み出る
お兄さんのお嫁さんの元では
気が休まらないと言って
嫁に出た自分が面倒を見ることになったという
娘のところは居心地がいいですものね
「大切になさってあげてくださいね」
「はーい」
やはり幸せそう

孤独なまなざし

八十八歳のその男性は
二ヶ月の入院生活の後に
病院を出されて老健施設へ
そこからショートステイの施設を
一ヶ月ごとに転々と移動させられている
短い期間、仲間であった人達に
別れの挨拶をして
車椅子を押されながら施設を後にする
「どうしてこんなに短いのだろう」
穏やかに口にした一言

寂しさが凝縮したまなざしに
ハッとする
トラック運転手として働いていた頃の写真
傍にはふくよかな妻が寄り添う
気力に満ちた表情
六年前に妻に先立たれ子供のない男性は
脱水症状で部屋に倒れていたところを
近所の人に助けられたのだという
年金は月に六万五千円
妻と二人で十三万円ほど受けていたときは
成り立っていた生活も
一人きりとなると厳しい
特別養護老人ホームに入るには
生活保護を受けるしかない
住まいが処分される
妻の遺骨と写真を胸に抱え
わずかな所持品を受け取った男性は

あわただしく整理される我が家を見つめる
業者は惜しげもなく衣類や家具を
解体し、袋詰めにして運び去る
住まいの入り口で
じっとその様子を見守っていた男性は
「ありがとうございました」と
頭を下げて礼を尽くす
泣き叫ぶこともなく涙を流すこともなく
成り行きをしっかりと受け止めて
静かに身を任す
「これからはここがお家なのですよ、
ずっと居られるのですよ」
区役所の人の説明を受けて
特別養護老人ホームのベッドに横たわる
目をつむった表情からは
気持ちを読み取ることは出来ないが
真面目に生きてきた彼の人生

抱いているのは周囲への感謝の気持ちか
つつましい人生のその終焉を
ここで迎える

胸詰まる思いで放送を見た後で
ふと自分を振り返る
私が独りで生きていることに
親としての心配もあっただろう
しかし父も母もその晩年に
私が傍にいることに安心し切ってくれていた
穏やかな表情で療養の日々を過ごし
その表情のまま旅立って行ってくれた
本当に心配を掛けましたね
でも良かったでしょう
こんな娘が傍にいたということ

修行僧のように

きちんと折りたたんだ寝具
傍には食事用具やボストンバッグ
それが数十か所も点在する
都庁前の地下広場
その整然とした風景に思わずハッとする
十数年前まで
横浜関内の地下道に横たわっていた
浮浪者風の人達の
身の回り品の散乱ぶりとは大きく異なる
整理整頓するよう指導があったのか

それともここで暮らす事への
感謝の気持ちがそうさせるのか
修行中の僧を思わせる見事な整頓ぶり
しかしそこは紛れもなく
ホームレスのたまり場
一人だけ布団の中で休む人がいる
さっぱりとした寝具
そしてもう一人
荷物の横でじっと座り続ける人が
浮浪者の風情ではない
この人達
どうしてこのような暮らしになったのだろう
今日は土曜日、朝から雨
台風並みの暴風雨になるとの予報
周辺の各地から避難してきたのだろうか
通勤者の少ない土曜の地下道は
居心地の良い空間

見苦しくしないように皆で協力をして
「追い出さないでください」と
訴えているかのよう
その気持ちが切ない

生け花

タイムカード機の横に
花を生け始めたのは何時だったろうか
花は毎日わたくしの手入れを待っていた
誰も気づかない時刻に
そっと枝振りを直し水も差す
数百人の教職員の
殆どが生け人知らずのまま
生け花をじっと見つめる人々の姿が
私の心を満たしてくれた
私に平常心を保たせてくれたもの

それは生け花だったのかも知れない

幼い甥の手を引いて毎週妹を見舞った日々も
長引く妹の闘病生活に心を痛めた年月も
看病の疲れからか
次々に家族を襲った入退院の繰り返しの日々も
妹亡き後に
甥達と離され失意のどん底にあった日々も
耐えることが出来たのは
生け花があったからかもしれない
その力が両親の長い看病生活をも
乗り切らせてくれた

「こんな投稿がありましたよ」と
手渡された大学の機関誌
その裏表紙には
わたくしが生けた花の写真が大きく掲載されている

「誰が生けるのか知らないが
あの一角はいつも季節を感じさせてくれる
生き生きした葉、人の心を和ませてくれるあの一隅、
これこそ真の医療人の心そのものではないか」
その下に編集者のコメント
「あれを生けていたのは先日退職された……」と
私の名がある
小原流一級家元の資格を持つ
寄宿舎の舎監からその場を譲られて
戸惑いながら生け始めてから
三十三年が経っていたことに気が付く

昨日開かれた小原流横須賀支部展
同門の友人達が出品するその中に
期待していた瓶花が見当たらない
いつも大きな瓶花を出品するその男性は
この三月に悪性腫瘍のために亡くなっていた

同門の友人達が見舞った末期の病床で
彼の妻が切り出したという
「もう、お花の方は退部にしてください」
その時、意識の薄れていたはずの彼が
大きな声をあげた
「お花は辞めない。おれは絶対に辞めない！」
国家公務員であった彼は
定年退職後にお花を始めたが
毎月の研究会には
一番乗りで出席し毎年皆勤賞を受けていた
七十歳で再婚に踏み切ったが
新しい妻はお花には関心が薄い
何かの意見の違いから
怒鳴りだしそうになったときには
お花の仲間の顔を思い出して
気持を静めていたという
八十二歳で逝くまで

彼はお花によって
平常心を保っていたのかも知れない
生け花は
生ける人の心の平和を保ってくれる
不思議な力を秘めている

あとがき

日々の思いを分かりやすく表現してみたい、そんな思いで朝日カルチャー横浜の現代詩講座に参加したのは平成二十年春でした。

それまでは詩を読むことはあっても書いたことは殆どありませんでした。私の作品は覚書のようなものであるかもしれません。戸惑いながら作品を作り続けた日々でしたが、気が付くと八年目を迎えており、作品も百数十編になっていました。

その中から三十数編を選び出しまとめましたのがこの作品集です。身辺の人達の療養についての作品が多いものとなりました。

振り返ってみますと、頼られていること、喜ばれていることが私の大きな励みになっていたことに気付きます。

残る人生を多くの人達の想いを胸にして静かに過ごしたいと思います。

二〇一六（平成二十八）年十二月　著者

著者略歴◎木戸 光 きど みつ

一九三七年横浜市生まれ。四人姉弟の次女。八歳から十五歳までの七年間を母の郷里である新潟県南魚沼市六日町、および父の郷里である富山県黒部市若栗で過ごす。

共立薬科大学大学院修了。昭和医科大学附属病院二年余りの勤務、神奈川歯科大学附属病院薬剤科責任者として四十年間勤務の後定年退職。同病院口腔外科研究生を経て現在、同病院非常勤講師。

華道、書道、合唱、高原歩きなどを好む。

現住所 〒二三六―〇〇四五
神奈川県横浜市金沢区釜利谷南二―一―二―六〇一

花は黙って待っている

2017年1月31日 発行
2017年7月10日　第二刷発行
著者　木戸 光

発行者　知念明子　発行所　七月堂
〒156－0043　東京都世田谷区松原2－26－6
電話03－3325－5717　FAX 03－3325－5731

装幀者　田代しんぺい

印刷＋製本　七月堂

ISBN 978-4-87944-268-0 C0092